AF308688

LA
REVANCHE.

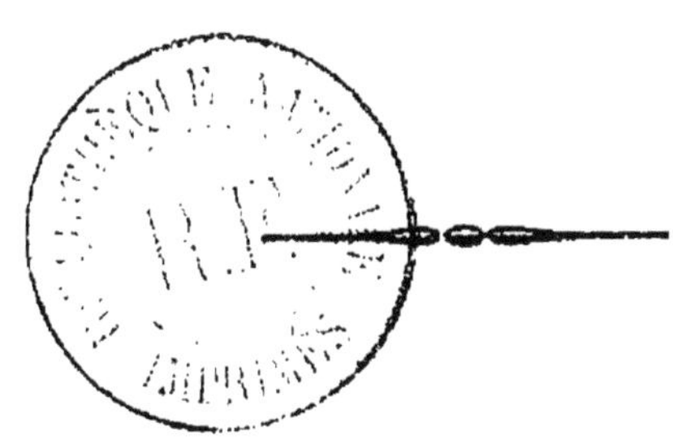

MACON,

IMPRIMERIE D'ÉMILE PROTAT.

1872.

LA REVANCHE.

I.

Chaque jour l'on entend mettre en avant l'idée de Revanche :

Par nos militaires de profession, qui désireraient trouver dans de nouveaux combats l'occasion de venger des revers immérités ; d'acquérir, au prix de leur sang, avancement, décorations, pensions ;

Et aussi par nos cléricaux, qui, paraît-il, ne sont point satisfaits des résultats obtenus dans le dernier conflit; moins à cause des désastres de la Patrie que parce que, à l'encontre de leurs prévisions, l'événement tourne au triomphe du Protestantisme sur le Catholicisme, de la République sur la Monarchie. Parmi les plus mécontents d'entre eux, l'on remarque les pères Jésuites à la fois irrités des procédés sommaires de M. de Bismark à leur égard, et désireux de rentrer en Allemagne à la suite de notre armée, dont ils se proposent sans doute de bénir les étendards et de renforcer l'arrière-garde avec l'appoint des cent mille pèlerins de Lourdes et de la Salette.

Tels sont ceux qui veulent la Revanche.

Or, la Revanche peut-elle être nuisible ou profitable à l'idée républicaine, à l'idée de fédération européenne, dans laquelle doivent bientôt se réunir tous les peuples? La Revanche est-elle possible dans les conditions qui nous sont faites désormais par l'agitation cléricale de ces derniers jours?

Tels sont les points que je me propose d'examiner.

II.

Que veulent en France les hommes sincèrement attachés au parti républicain ? Ils veulent la Paix, car la Paix seule peut donner au Travail la sécurité ; et les républicains modernes, différents en cela des républicains de l'antiquité, fondent leurs ressources personnelles, comme celles de l'État, sur le travail seul et non sur la spoliation.

Qu'une nouvelle déclaration de guerre vienne raviver contre nous la vieille haine allemande satisfaite en 1871 ; la République française, victorieuse, je le suppose, élèvera-t-elle une nouvelle barrière entre les deux peuples, en frappant les Allemands d'une contribution de guerre ? Mais alors, à la haine de la France contre la Prusse succèderait la haine de la Prusse contre la France ; de nouvelles représailles deviendraient imminentes, et au lieu de voir apparaître le règne des intérêts harmoniques des Travailleurs, l'on verrait les intérêts personnels et antagoniques des rois continuer à régir le monde, consolider la Monarchie et retarder l'avénement de la République.

III.

L'esclavage, la guerre et l'ignorance, ces trois piliers des trônes et de la misère, font la force des rois ; mais ce qui fait la force des peuples, c'est la Liberté, la Paix, l'Instruction, ces trois lumières qui les guident vers le bien-être et le progrès, leur idéal. De la divergence d'intérêts doit donc naître une lutte acharnée, et la véritable question de guerre doit être posée non entre les peuples, mais entre les peuples et les rois, entre la République et la Monarchie.

Dans cette guerre, l'arme républicaine est une plume, et cette plume, au service de la justice et du droit, triomphera tôt ou tard de l'épée au service de la force.

L'épée couvre les spoliateurs nobles et prêtres, mais la plume dévoile leurs spoliations. Elle demande de quel droit naturel ces privilégiés osent se prévaloir pour élever leur fortune sur les débris de la richesse commune, élever leur orgueil sur l'avilissement des citoyens, et s'il leur suffit d'être les premiers esclaves d'un roi ou d'un dieu pour se proclamer les maîtres des hommes et des consciences.

La Société internationale s'est constituée. Elle a précisé la question, elle lui a donné un corps, elle est le centre auquel aboutissent et aboutiront désormais les efforts de tous les travailleurs qui veulent être sûrs de ne point voir détruits par la guerre, absorbés par le fisc ou pour les plaisirs des rois les travaux de la paix.

C'est par la propagande seule que la Société internationale peut arriver au but qu'elle se propose. Avec elle, nos républicains français ne doivent plus vouloir de ces luttes sanglantes où disparaît dans une journée le progrès de plusieurs années, mais vouloir de ces luttes pacifiques dans lesquelles le succès s'ajoute au succès ; de ces luttes où il n'y a point de vaincus, point de milliards à payer, mais dans lesquelles l'humanité tout entière est appelée à profiter des fruits de la victoire.

IV.

Appartient-il au parti républicain de venger les défaites de 1871 ?

Reischoffen, Wissembourg et Sedan sont les défaites de l'Empire.

Les Allemands savent mieux que nous qu'ils ne doivent leurs succès qu'à la trahison de ceux entre les mains desquels un gouvernement méprisable avait remis les destinées de la France.

L'instruction de l'affaire Bazaine, qui se poursuit bon gré mal gré, prouvera jusqu'à l'évidence que tout avait été mathématiquement prévu pour la défaite de nos troupes.

L'état-major prussien était tellement sûr de son fait lorsqu'il marchait contre notre *armée régulière*, qu'il n'hésitait pas à faire prendre Nancy par quatre uhlans. Et cependant, lorsque ces mêmes uhlans se trouvèrent en face de nos *vieux garçons*, qui, sous le rapport de l'instruction militaire et du commandement, ne valaient point nos troupes régulières, ils semblèrent avoir perdu leur audace et l'on ne vit plus se renouveler les hauts faits qui pourraient passer pour des actes héroïques si l'on donnait le nom de héros à celui qui s'avance avec d'autant plus d'audace qu'il sait plus pertinemment n'avoir rien à redouter.

Certes, il n'arrivera à personne de mettre en doute le courage de nos *soldats réguliers*. Engagés dans des conditions inférieures de nombre et de position, ils ont fait aux Allemands acheter cher leur succès. Quant à nos mobiles et à nos *vieux garçons*, ils ont fait de Belfort une forteresse imprenable et ajouté à la longue liste de nos victoires les victoires de Nuits, de Dijon et de Pouilly.

Qu'il nous suffise que le gouvernement de l'empereur Guillaume sache qu'en cas de nouvelle aggression, le sol sacré trouverait de terribles défenseurs. L'empire avait fait de nous un troupeau d'esclaves au service de l'ambition conquérante d'un Napoléon ; la République fera de nous un peuple qui saura défendre ses droits après les avoir obtenus, et saura les respecter même chez les peuples voisins.

Car ce ne sont point les hommes sortis des ateliers de la Westphalie, de Bade ou du Wurtemberg, de la Saxe ou de la Bavière, qui gagnent à la conquête de notre Alsace et de notre Lorraine. Eux, fatigués, brisés par les travaux de la guerre, n'ont eu pour partage que des blessures, et pour toute compensation de leurs vies sacrifiées, il ne reste à leurs veuves que la triste consolation de savoir que leurs maris sont morts au champ d'honneur. Mais pour la partie gouvernante de la nation allemande, pour la noblesse de robe et d'épée, pour les cadets, l'Alsace et la Lorraine sont devenues un vaste champ de promotion, une proie sur laquelle s'est étendue, comme une lèpre, cette légion de fonctionnaires de tout ordre que chaque monarchie traîne à sa suite.

Ce n'est point pour ceux qui n'ont pas profité de la victoire, ce n'est point pour le peuple allemand que le peuple français doit conserver ses rancunes. Au lieu de voir en ce peuple un ennemi, il doit voir un allié. Car tous ceux qui sont républicains, tous ceux dont les espérances ont été déçues, ceux-là, le moment venu, nous aideront à la conquête morale de nos chères provinces.

Par le moyen des idées républicaines, ils saperont le gouvernement monarchique de l'empereur et feront la France plus grande non-seulement de l'Alsace et de la Lorraine, mais encore de toute l'Allemagne réunie à la confédération européenne.

V.

Le jour de l'avénement de la République allemande n'est pas aussi éloigné de nous qu'on le croit vulgairement dans notre pays.

En 1848, peu s'en fallut que Berlin ne chassât son roi comme Bade chassa son grand-duc.

Quel pays, plus que l'Allemagne, contient de lettrés et de savants? Cette instruction gratuite et obligatoire, que nous demandons chez nous pour assurer l'établissement définitif de la République, fonctionne depuis longtemps chez nos voisins d'outre-Rhin. Elle y a produit les effets que nous en attendons chez nous. L'instruction y a fait connaître à tous que les hommes sont faits pour vivre dans la société égaux et libres. Les Allemands souffrent donc avec impatience la domination et les prérogatives de la noblesse, ainsi que les restrictions apportées aux libertés de Presse, de Réunion, d'Association, restrictions qui seules rendent possible le gouvernement de l'empereur.

Il est peu de pays qui, plus que l'Allemagne, comptent un plus grand nombre de citoyens républicains; républicains de volonté sinon de fait. L'émigration vers l'Amérique est là pour constater ce besoin de liberté que les Allemands vont satisfaire au-delà des mers, ne pouvant le satisfaire sur leur sol natal.

Cette émigration est actuellement la soupape de sûreté qui a empêché la monarchie allemande de sauter. Celle-ci lui doit son salut, de même qu'en 1848 elle le dut à l'idée de l'unité allemande qui prima l'idée républicaine.

Cet avénement prochain de la République allemande, ne le retardons point par la menace d'une revanche suspendue sur la tête du peuple allemand. Laissons ce peuple continuer paisiblement sa lutte contre ses oppresseurs ; ne l'en distrayons point par l'idée d'une lutte éventuelle qu'il aurait à soutenir contre nous, et, dans ces chefs militaires, qu'il apprend à considérer comme des ennemis, ne lui faisons pas voir des protecteurs du sol de la patrie menacée.

Qu'aurons-nous donc besoin de Revanche si le peuple allemand renverse la monarchie et, du même coup, nous venge de cette noblesse allemande qui, seule, a profité de nos désastres ?

VI.

M. de Bismark nous a fait ces jours-ci un bien triste cadeau.

Expulsés d'Allemagne, les Jésuites sont venus chercher un refuge en France. L'armée de nos cléricaux se trouve considérablement augmentée. Les Jésuites apportent naturellement parmi nous des rancunes contre le gouvernement qui les a traités si durement et ils cherchent à les faire partager au Gouvernement de M. Thiers. La majorité de notre Chambre s'en fera volontiers l'écho, et nous voilà menacés d'entendre les longs discours des soutiens du trône et de l'autel, discours dans lesquels

on gémira sur la captivité du Saint-Père ,
et l'on démontrera la nécessité qu'il y a
pour la fille aînée de l'Eglise de se mettre
à dos l'Italie républicaine.

Et quand ces billevesées se seront tra-
duites en actes sérieux de déclaration de
guerre, quand la Chambre nous aura mis
dans la cruelle alternative d'une révolution
intérieure pour la renverser ou du sacrifice de
nos convictions intimes pour marcher unis
contre l'ennemi commun, quels seront nos
alliés pour soutenir la lutte formidable qui
s'engagera? Nous suffira-t-il, pour en sortir
victorieux, des encouragements et des béné-
dictions des bons Pères? De quel secours
seront pour nous leurs prières, leurs niai-
series miraculeuses de Lourdes et de la
Salette?

VII.

En 1792, la France, par sa révolution, se plaçait à la tête de la civilisation et du progrès.

Elle avait à lutter contre toute l'Europe monarchique, et cependant avec quelle rapidité nos soldats passaient sur le corps des armées de la coalition pour marcher à la conquête de la Belgique, de la Hollande, de l'Allemagne et de l'Italie ! C'est que, derrière les bataillons ennemis, les républicains français trouvaient des peuples opprimés qui les recevaient comme des amis, à qui ils apportaient la liberté, qu'ils délivraient du joug des nobles, les ennemis les plus puissants du peuple à cette époque.

Les nobles détruits, les ennemis du peuple sont aujourd'hui les prêtres , et , parmi les prêtres , les plus acharnés sont les Jésuites. M. de Bismark , en les chassant d'Allemagne, s'est attiré l'estime et l'assentiment, sous ce rapport, des républicains de tous les pays, je dirai même de la France, et dans le cas où l'idée de Revanche prévaudrait auprès de notre gouvernement, notre parti n'hésiterait pas à marcher, non , mais il marcherait en regrettan de voir ses efforts assurer en même temps que l'intégrité du territoire le triomphe du cléricalisme.

Du même coup, M. de Bismark met la Prusse, qui chasse les Jésuites, à la tête de la civilisation et vaut à la France, qui les recueille, l'hostilité de tous les hommes qui voient dans les robes noires les ennemis de toute liberté, de tout progrès.

En introduisant chez nous le nouveau

cheval de Troie, M. de Bismark détache de nous les Anglais, ennemis invétérés du Papisme ; les Italiens, qui ne veulent point retomber sous le joug auquel ils viennent à peine d'échapper.

VIII.

Si au dehors nous ne trouvons point d'alliés, seuls serons-nous assez forts pour prendre la Revanche ?

Malgré les assertions optimistes de M. Barthélemy Saint-Hilaire, qui cherche à nous persuader que tout se réorganise par les soins de M. Thiers, les républicains n'ont point lieu d'être rassurés.

L'armée actuelle, commandée par les mêmes chefs qu'en 1871, et par les pires d'entre eux, car les bons se sont fait tuer, ne saurait mieux faire qu'elle ne fit à Sedan.

Les lois de l'Empire, les décrets de l'Empire régissent les droits de réunion, d'association et de presse.

Sans le droit de réunion, la connaissance et la discussion des intérêts du pays restent entre les mains de nos gouvernants, et chacun sait de quelle solidité sont en général ces messieurs au moment du danger.

Sans le droit d'association, quelle force de résistance peut-on opposer à la spoliation des citoyens par les compagnies autorisées, et par quoi, au jour où les administrations de l'Etat deviendront impuissantes, pourra-t-on les remplacer ? Qui ne connaît cependant les services rendus dans la guerre des Etats-Unis par les associations particulières ? Vivres, vêtements, calorique, armes, médicaments, moyens de transport, rien ne manqua aux soldats du Nord. Mais chez nous, où l'association est interdite avec un soin jaloux, nos soldats, les secours de l'Etat venant à leur manquer, n'en trouvèrent point chez les citoyens auxquels les lois de l'Empire défendaient et défendent encore l'association.

Sans la liberté de la presse, nous sommes exposés à nous voir berner comme au jour de notre fausse victoire de Sedan. Au moment du danger, nous n'aurons pas appris à connaître les hommes sur lesquels nous pourrons compter et l'opinion publique, égarée, ne saura point se retrouver.

Et aujourd'hui l'on prohibe les réunions publiques ! On poursuit les associations ! On condamne les journalistes qui ont le courage de dire la vérité ! Et certains préfets, les Guigue, les de Fradel et les de Tracy, font ce que n'ont jamais fait les Janvier de La Motte et les Pron !

Au point de vue religieux, une folie idolâtre s'est emparée d'une partie du pays et l'on voit des pèlerins accourir vers les eaux de Lourdes et de la Salette, comme on voyait les païens accourir jadis vers les bois sacrés d'Ephèse ou de Delphes !

Est-ce là ce que M. Barthélemy Saint-Hilaire appelle la réorganisation du pays par M. Thiers ? — Je crois bien que cet optimiste serait embarrassé de dénommer, autrement qu'en termes généraux, les améliorations accomplies.

Non ! il n'y a rien de fait et j'ajouterai, n'en déplaise à M. Thiers et à M. Barthélemy Saint-Hilaire, que les républicains n'attendent rien d'eux. Voudraient-ils réorganiser, ce dont je doute, qu'ils ne le pourraient qu'à la condition de s'emparer du pouvoir, lequel appartient légalement à l'Assemblée. Or, devons-nous attendre l'organisation républicaine de cette Assemblée qui, elle-même, cherche un roi, c'est-à-dire un organisateur ? Non !

Donc, ni M. Thiers ni l'Assemblée ne

feront rien, ne pourront rien faire, et lorsque les garçons de caisse de M. de Bismark auront emporté notre dernier sac d'écus, nous nous retrouverons en face des Prussiens, avec les mêmes institutions, la même armée, j'ajouterai presque les mêmes hommes qui causèrent notre perte en 1871.

Comme au 4 septembre, ce sera encore sous le feu des Prussiens qu'il faudra établir un gouvernement qui marche d'accord avec le pays.

Certes, M. de Bismark, en voyant que depuis deux ans il n'y a rien de fait, doit jouir de notre inaction et n'a point sujet de s'effrayer de la menace d'une Revanche prise par le peuple français dans d'aussi défavorables conditions.

Il ressort de ces diverses considérations que si M. Thiers, poussé par les Jésuites et par le désir bien pardonnable à son âge d'égaler les hauts faits de Napoléon Ier, son héros, veut, du fond de son cabinet, par l'entremise de M. Barthélemy Saint-Hilaire, son secrétaire, diriger contre la Prusse une guerre de revanche, son gouvernement ne saura point trouver d'alliés parmi les peuples voisins et ne pourra même s'appuyer sur la nation trop faiblement organisée pour la lutte.

Infailliblement l'Allemagne, solidement établie par le fait de l'émigration en Alsace et en Lorraine, poursuivrait sans obstacles le cours de ses succès par la conquête de la Picardie, de la Champagne, de la Bourgogne et de la Franche-Comté.

Que de sages réformes éloignent de nous ces nouveaux malheurs !

L. G.